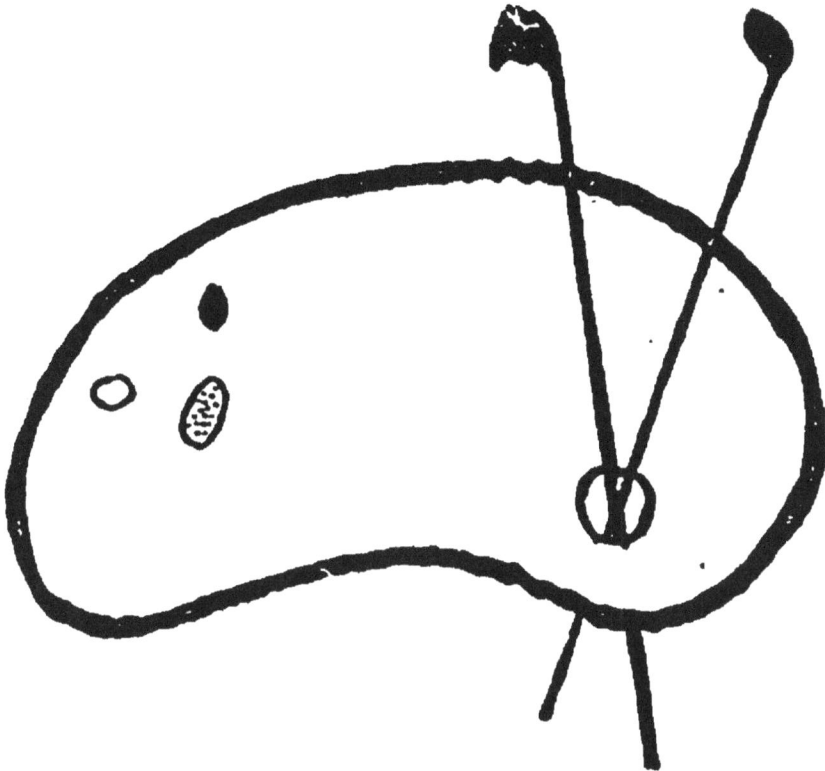

DEBUT D'UNE SERIE DE DOCUMENTS
EN COULEUR

EXPÉDITION

DES

PROVENÇAUX EN DAUPHINÉ

en 1368-1369

par

J. ROMAN

Correspondant du Ministère

DIGNE

IMPRIMERIE CHASPOUL, CONSTANS ET Vve BARBAROUX

Place de l'Évêché, 7

1889

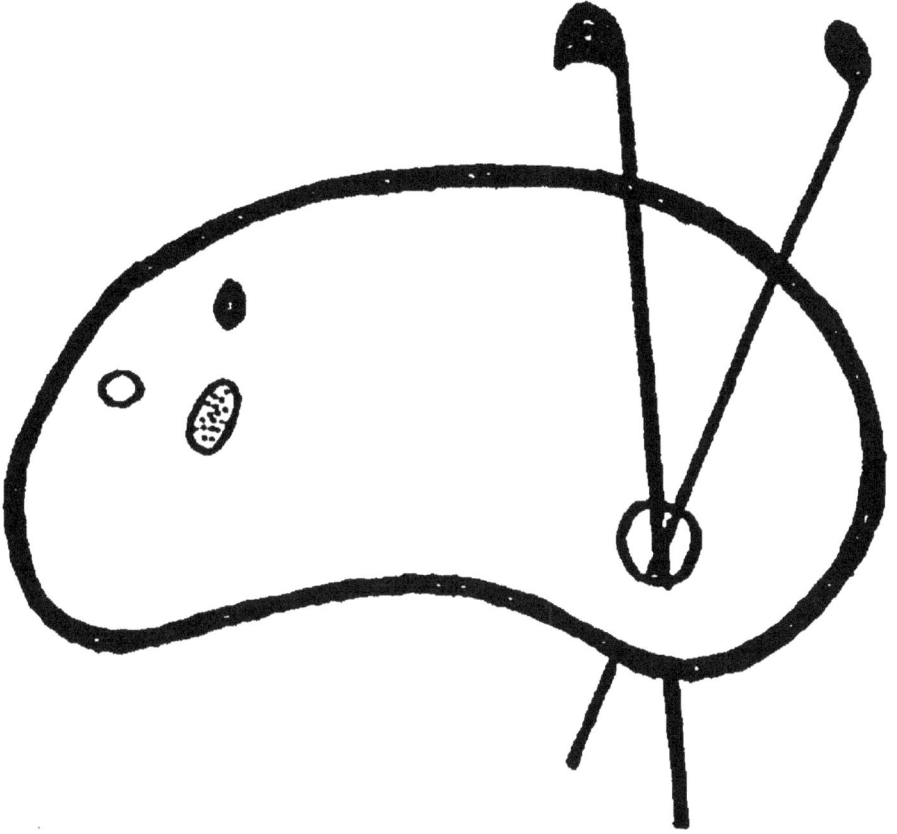

FIN D'UNE SERIE DE DOCUMENTS
EN COULEUR

EXPÉDITION

DES

PROVENÇAUX EN DAUPHINÉ

en 1368-1369

par

J. ROMAN

Correspondant du Ministère

DIGNE

IMPRIMERIE CHASPOUL, CONSTANS ET Vᵉ BARBAROUX

Place de l'Évêché, 7

—

1889

L'EXPÉDITION

DES PROVENÇAUX EN DAUPHINÉ

en 1368-1369

———— ••◦•◦•◦•◦• ————

Louis d'Anjou, écrit Chorier, historien du Dauphiné, imputa à la reine Jeanne, comtesse de Provence, en 1369, d'être suspecte à la France. « Il assiégea la ville de Tarascon et fit faire de tous côtés des courses dans cette province. Des troupes qui avaient été assemblées en Dauphiné furent employées à cela, et presque tous ses desseins ayant réussi, le gouverneur de Provence fut contraint de demander la paix à celui du Dauphiné, et, à la fin, elle fut conclue entre les deux princes par la négociation d'Amelin d'Agoult, seigneur de Claret (1). »

Il y a dans ce peu de lignes à peu près autant d'erreurs que de mots, et jusqu'à ces dernières années on ne savait pas autre chose sur les événements militaires qui mirent aux prises, en 1368 et 1369, les Provençaux et les Dauphinois.

Le premier, M. l'abbé Chevalier a publié, dans ses *Documents inédits sur le Dauphiné* (2), une enquête sur

———————————————

(1) *Histoire du Dauphiné,* nouv. édit., t. 2, p. 363.
(2) Lyon, Brun, 1874, p. 181.

cette campagne. M. Lacroix, archiviste de la Drôme, l'a utilisée, en y ajoutant quelques documents nouveaux, dans un article inséré dans le *Bulletin de la Société d'Archéologie de la Drôme* (1). Enfin M. le comte de Charpin-Feugerolles en a fait l'objet d'une très intéressante publication intitulée : *Document inédit relatif à la guerre qui eut lieu en 1368 entre les Dauphinois et les Provençaux* (2).

Quelques recherches heureuses dans diverses archives me permettent de donner sur ces événements, beaucoup plus graves qu'on ne pourrait le croire à la lecture du récit de Chorier, des détails nouveaux.

Les hostilités, précédées par quelques circonstances qu'il ne rentre pas dans mon sujet de raconter, éclatèrent entre le duc d'Anjou et la reine Jeanne au milieu de l'année 1368. Le prince français traversa le Rhône à Beaucaire et mit le siège devant Tarascon. Fouquet d'Agoult, sénéchal de Provence, était un véritable homme de guerre; il le prouva par la promptitude avec laquelle il répondit à cette attaque. Tarascon était bien armé et pourvu d'une bonne garnison ; assailli vigoureusement par une armée dans les rangs de laquelle on remarquait du Guesclin (3) et qui possédait un matériel d'artillerie de siège des plus considérables pour l'époque, il immobilisa cependant pendant un temps assez long la plus grande partie des troupes de l'agresseur. Le sénéchal ne chercha pas à en faire lever

---

(1) T. 13, p. 181.

(2) Lyon, Perrin, 1881, in-4°.

(3) Cf. V. Lieutaud : *Notes pour servir à l'Histoire de Provence*, n° 16 : *Prise de Tarascon par Bertrand du Guesclin* (8 avril 1368) (Marseille, Boy, 1874-in-8°). — Voir aussi Teissier : *Histoire des Souverains Pontifes qui ont siégé à Avignon*, pp. 267-268-231, et une lettre de du Guesclin du 5 juillet 1368, se rapportant probablement au commencement du siège, adressée au sire de la Voute, qui défendait probablement Tarascon pour la reine Jeanne. Elle a été publiée dans la *Bibliothèque de l'École des Chartes*, 1881, pp. 302-303.

le siège ; mais, rassemblant à la hâte les contingents provençaux, il les jeta sur le Dauphiné, jugeant avec raison que le meilleur moyen de combattre l'ennemi, c'était de l'attaquer à son tour là où l'attaque était la moins prévue. L'instant, il faut l'avouer, était merveilleusement choisi pour prendre l'offensive contre le Dauphiné. Depuis l'annexion de cette province à la France, c'est-à-dire depuis dix-neuf ans, elle avait joui d'une paix profonde, les fortifications des châteaux et les murailles des villes n'avaient pas été entretenues et tombaient la plupart en ruines. En outre, telle était la sécurité du gouverneur du Dauphiné que, malgré l'état de guerre déclaré entre la France et la Provence, rien n'avait été préparé pour résister à une invasion et aucune des précautions les plus indispensables n'avaient été prises.

Raoul de Louppy, c'était le nom de ce gouverneur, à la première nouvelle de l'approche des Provençaux, rassembla les contingents de la région menacée et les posta sur les passages les plus fréquentés, tels que les cols de la Croix-Haute et d'Aspres-lès-Corps.

Le 14 juin, il était à Serres (1) ; il y passa plusieurs jours et y revint à diverses reprises pour en faire réparer les murailles et mettre une forte garnison dans le château. Il en donna le commandement à Rodolphe de Saint-Geoirs. De là, il inspecta rapidement les frontières, les abords du Champsaur et du Trièves, pressant la levée des recrues, soldant les troupes déjà rassemblées et percevant une imposition de guerre qui s'éleva à 32,000 florins d'or (2).

Cette activité épargna sans doute des malheurs au Dauphiné, mais ne put arrêter la marche triomphante des

---

(1) La plupart des détails suivants sont extraits des comptes de Raoul de Louppy, publiés par MM. l'abbé Chevalier et Maignien.

(2) Environ 350,000 francs au poids de l'or, plus de 3 millions à la puissance actuelle de l'argent.

chevaliers provençaux. En vain, le gouverneur du Dauphiné fit-il des avances pacifiques au sénéchal de Provence, en lui faisant savoir, le 25 juillet, que, malgré l'état de guerre déclaré entre leurs maîtres, il ne prétendait mettre aucune entrave au commerce entre la Provence et le Dauphiné(1); tout fut inutile, et la neutralité que l'on demandait ainsi indirectement ne fut pas admise.

Ce fut du côté des Baronnies, c'est-à-dire dans la partie limitrophe actuellement du département de la Drôme, que se porta le principal effort des troupes envahissantes. Les châteaux de Saint-André de Rosans et du Châtelet, qui appartenaient au prieur de Saint-André, furent emportés d'assaut, malgré la garnison qui les défendait, puis pillés et rasés (2). De là, l'armée provençale se porta directement sur Gap, tournant la position de Serres, qui aurait exigé un siège long et difficile.

Tandis qu'une partie des Provençaux s'emparait en passant du bourg de Veynes, qu'elle mettait au pillage et dont elle détruisait les murailles (3), une autre poussait une pointe hardie sur le Trièves et parvenait à y pénétrer, en chassant les Dauphinois qui en défendaient les passages.

Gap avait été mis à l'abri d'un coup de main. Aussi il ne semble pas que les Provençaux, dont la tactique consistait à ne s'attarder à aucun siège, aient tenté de s'en emparer; on les vit se préparer à remonter la vallée de la Durance, pour envahir l'Embrunais et le Briançonnais.

Rien n'était prêt pour la défense de ces deux bailliages. Artaud d'Arces, chevalier d'une vieille et illustre famille du Graisivaudan, qui cumulait les fonctions de bailli du Gapençais, de l'Embrunais, du Briançonnais et du Champsaur, comprit qu'il n'était pas en mesure de résister, et, de

---

1) Arch. des Bouches-du-Rhône, B, 5.
2) Inventaire de la Chambre des comptes, requête du 30 juillet 1369.
(3) Secousse, Ordonnances, t. VII, p. 110.

l'aveu de Guy de Morges, lieutenant du gouverneur du Dauphiné, il demanda à conclure un traité particulier avec les Provençaux.

Ces traités particuliers, qui nous paraîtraient aujourd'hui une énormité, étaient parfaitement admis par les mœurs du XIVe siècle. Le sénéchal de Provence accepta ces offres, et il fut convenu que l'Embrunais, le Briançonnais et le Champsaur seraient préservés de tout pillage et de tout fait de guerre, moyennant une rançon de 6,000 florins d'or, c'est-à-dire d'environ 700,000 francs à la puissance actuelle de l'argent (1).

Comme on ne put pas payer immédiatement cette somme, fort considérable pour l'époque et surtout pour le pays, les Dauphinois durent donner des otages ; ce furent, pour le Champsaur, Raymond de Laye, seigneur de Laye et du Buissard ; pour l'Embrunais, Guigues de Savines, Georges Athénulphi, seigneur de Prunières, et Pierre Bonnabel, consul d'Embrun et coseigneur de Châteauroux (2).

Vers le même moment, un traité semblable fut conclu entre les Provençaux et la contrée du Dauphiné nommé le Royanais, qui se racheta également du pillage moyennant une somme d'argent dont nous ne connaissons pas l'importance.

La guerre se trouva donc circonscrite dans les Baronnies et le Gapençais, et l'hiver qui s'approchait ne tarda pas à suspendre les événements militaires. Chacun se tint sur la défensive.

Les villes du Haut-Dauphiné ne restèrent pas inactives pendant cette trêve et cette suspension d'armes. Embrun, qui se sentait particulièrement menacé, si la guerre se

---

(1) Arch. de l'Isère, B, 3,007, p. 310.

(2) Pierre Bonnabel était syndic ou consul d'Embrun en 1366 et il avait prêté hommage au Dauphin pour la coseigneurie de Châteauroux, le 25 août 1367. (Arch. munic. d'Embrun et Arch. de l'Isère, B, 2,621.)

rallumait, voulut renforcer sa garnison et les consuls firent commencer des travaux sur la partie la plus faible du périmètre des murailles de leur ville, nommée le Planiol: mais ils se heurtèrent à un mauvais vouloir absolu de la part de Pierre Amelii, leur archevêque (1).

Ce prélat, prétendant que le terrain sur lequel devaient s'élever les nouvelles murailles lui appartenait, défendit de passer outre ; forts de l'approbation du gouverneur du Dauphiné, les consuls ne tinrent aucun compte de cette défense (2). L'archevêque les excommunia ; ils n'en poursuivirent pas moins leurs travaux, qui furent terminés à la fin de l'hiver, et soudoyèrent une compagnie de quatre cents soldats étrangers, probablement italiens, pour renforcer la garnison. Bien leur en prit, comme on va le voir.

Il est probable que les 6,000 florins garantis au sénéchal de Provence pour la rançon de l'Embrunais, du Briançonnais et du Champsaur ne furent pas payés à l'époque fixée ; les otages étaient toujours entre ses mains, mais il n'avait pas vu la couleur de l'argent promis. Les hostilités recommencèrent avec une nouvelle furie, et ce fut exclusivement sur le Champsaur et l'Embrunais, c'est-à-dire sur les contrées précédemment épargnées, qu'elles se portèrent (3).

Deux jours après la fête de Pâques en 1369, un mouvement en avant des troupes provençales se produisit ; ce fut d'abord sur les châteaux et les terres des otages livrés qu'elles se jetèrent, suivant un usage admis par les lois de la guerre de cette époque.

Le jeudi 3 avril elles attaquèrent le château de Laye, le ruinèrent et en pillèrent le mobilier, évalué à 350 florins

---

(1) Nombreux documents dans les archives d'Embrun.

(2) L'autorisation officielle du gouverneur du Dauphiné fut donnée le 4 avril 1369. (Arch. munic. d'Embrun.)

(3) Documents inédits sur le Dauphiné, p. 181. Arbre enquête, arch. de l'Isère, B, 3,007, p. 310.

d'or (près de 40,000 francs de notre monnaie) ; puis firent
une razzia générale dans le Haut-Champsaur, forcèrent
Etienne de Roux, seigneur de Prégentil, à se racheter
moyennant 250 florins (près de 25,000 francs), brûlèrent
une belle ferme de Guigues de Savines et de Jean de
Montorcier, que ces deux seigneurs avaient acquise trois
ans auparavant, perte qui fut évaluée à plus de 1,200 florins
(125,000 francs environ) (1), tuèrent un homme, en saisirent
plusieurs à Chabottes, Saint-Laurent, la Rochette et la
Fare, auxquels ils ne rendirent la liberté qu'en échange
de bonnes rançons, s'emparèrent de beaucoup de bestiaux
et exercèrent leurs déprédations de Gap à Saint-Bonnet,
sans que personne vint s'y opposer.

Dans la vallée de la Durance, ils n'eurent pas le champ
aussi libre ; ils pillèrent et rasèrent les châteaux de
Savines et de Prunières, qui appartenaient à Guigues de
Savines et Georges Athénulphi, leurs otages, rançonnèrent
la communauté des Crottes, incendièrent Saint-André
d'Embrun, mais, lorsqu'ils tentèrent de s'emparer d'Embrun
de vive force, ils furent repoussés avec perte, et les Embrunais durent s'estimer heureux d'avoir réparé tout récem-
ment les murailles de leur ville et d'avoir sensiblement
augmenté sa garnison.

Laissant Embrun derrière eux, les Provençaux se diri-
gèrent sur Guillestre, bourg important et peu éloigné,
l'emportèrent d'assaut et le mirent au pillage.

Pendant que ces événements avaient lieu, les malheureux
otages que le sénéchal de Provence tenait entre ses
mains subirent mille outrages ; on les confina dans une
dure prison, et non seulement on détruisit leurs châteaux
et on ruina leurs terres, mais on ne leur rendit la liberté

----

(1) Cette ferme avait été vendue en 1356 par les dames Chartreuses de
Berthaud, qui elles-mêmes l'avaient acquise peu d'années auparavant par
héritage.

qu'après le paiement d'une rançon de 1,000 florins d'or (environ 100,000 francs).

Tous ces événements se passèrent dans l'intervalle de dix jours, entre le 3 et le 13 avril 1369.

Le 13 avril, la paix fut signée à Avignon, dans le Palais des Papes, entre le gouverneur du Dauphiné et le sénéchal de Provence (1).

Le 28 du même mois, un traité de paix particulier intervint grâce à l'intervention du cardinal Philippe entre Louis de Trians, vicomte de Tallard, qui avait pris fait et cause pour la Provence, et l'évêque de Gap, qui avait pris fait et cause pour le Dauphiné (2).

Il était temps de mettre un terme à ces ravages ; les pertes subies par le Dauphiné par cette désastreuse campagne furent évaluées officiellement à plus de 200,000 florins (soit 2 millions 100,000 francs de valeur nominale et plus de 20 millions de valeur effective).

Les préliminaires de la paix furent soumis au roi de France et à la reine de Naples. Cette dernière les ratifia le 26 juin (3) ; le premier les approuva au mois de septembre 1369 (4). Cependant ce traité n'était encore que provisoire ; ce fut seulement le 12 mai 1370 et, en dernier lieu, en 1371 que la paix fut définitivement consolidée par des traités solennels (5).

Durant cet intervalle, le gouverneur du Dauphiné, instruit par la fâcheuse expérience qu'il venait de faire, avait pris ses mesures pour résister efficacement à une

---

(1) Arch. des Bouches-du-Rhône, B, 568.

(2) Chorier, *Histoire du Dauphiné*, nouv. édit., t. II, p. 362.

(3) Arch. des Bouches-du-Rhône, B, 568.

(4) Delisle, *Mandements de Charles V*, n° 589. — Arch. des Bouches-du-Rhône, B, 568.

(5) Arch. des Bouches-du-Rhône, B, 571 et 573. — Arch. de l'Isère, B, 3,008, 3,013 et 3,218.

nouvelle agression, si elle devait se produire. Les principaux châteaux, les points stratégiques les plus importants avaient été occupés par des garnisons royales ; Saint-André de Rosans et Guillestre furent de ce nombre.

Il se produisit, à la suite de ces événements, dans tout le Haut-Dauphiné, un mouvement général pour se mettre à l'abri de surprises pareilles à celle qui venait de désoler la contrée. Les villes et les bourgs furent pris d'une fièvre de construction et de fortification ; au lieu des vieilles murailles croulantes qui entouraient la plupart des villages, on vit sortir de terre de bonnes ceintures de remparts et de tours.

Il existe dans l'Embrunais, le Briançonnais et le Champsaur les restes d'une douzaine au moins d'enceintes fortifiées qui datent de cette époque ; pour plusieurs d'entre elles, nous connaissons la date exacte de leur construction, le nom de leurs entrepreneurs et le prix qu'elles ont coûté. Vingt-cinq ans après la guerre dont je viens de retracer les péripéties, les fortifications destinées à en prévenir le retour n'étaient pas achevées.

La ville d'Embrun avait commencé, comme je l'ai dit plus haut, à réparer les siennes dès 1369 ; elles n'étaient pas terminées en 1373 et donnèrent lieu à de nombreuses difficultés dont je parlerai plus loin.

La communauté des Crottes travaillait aux siennes en 1373 (1) ; Corps, en 1374 (2) ; Montorcier, en 1376 (3).

---

(1) Le 23 septembre 1373, le gouverneur du Dauphiné ordonne aux Embrunais, propriétaires aux Crottes, de contribuer à ses fortifications (Arch. munic. d'Embrun.)

(2) Le 21 août 1374, le prieur de Saint-Firmin se plaint de ce que l'on force ses sujets à contribuer aux fortifications de Corps. (Arch. de l'Isère, B, 2,915.)

(3) Le 26 juillet 1376, le gouverneur du Dauphiné contraint les habitants de Montorcier à contribuer pour 100 florins à la réparation du château seigneurial. (Arch. de l'Isère, B, 2,953.)

La même année 1376, Prunières donne l'adjudication de ses remparts aux maçons Isoard et Alard, qui n'avaient pas encore terminé leur œuvre en 1380 (1).

Veynes n'avait pas encore terminé en 1302 les siennes, commencées depuis longtemps (2) ; la même année, le bourg de Guillestre donne l'adjudication des siennes aux maçons Agnus Delmas et Albert Réotier, et la construction s'en poursuit jusqu'en 1398 (3).

Le 2 juin 1396, Étienne Voisin, maître des œuvres du Dauphiné, fait réparer le Château-Queyras par Pierre Delmas, entrepreneur (4). La même année, le bourg de Tallard fait augmenter son enceinte par Arnaud de Tournefort, maître maçon de Narbonne (5). Briançon travaillait encore à la sienne en 1398 (6), et d'autres bourgs plus tard encore.

Les villages trop pauvres pour s'entourer de murailles cherchent au moins à se ménager une retraite assurée derrière des murailles étrangères. Le 20 mars 1382, les habitants du Puy-Sanières et du Puy-Saint-Eusèbe traitent avec les consuls d'Embrun, qui promettent de leur donner asile en cas de guerre derrière leurs remparts, à condition qu'ils contribueront pour leur quote-part aux réparations (7).

Les événements militaires que je viens d'esquisser donnèrent également lieu à plusieurs difficultés.

Le prieur de Saint-André de Rosans, Delmas de Cornillon, se plaignait au Dauphin, dès le 30 juillet 1369,

---

(1) Arch. de l'Isère, B, 3,001.
(2) Secousse, Ordonnances, t. VIII, p. 110.
(3) Arch. munic. de Guillestre.
(4) Arch. de l'Isère, B, 3,010.
(5) Arch. de M. Amat.
(6) Arch. munic. de Briançon.
(7) Arch. munic. d'Embrun.

qu'après avoir subi d'énormes pertes d'argent, après avoir vu ses châteaux détruits par les Provençaux, il était encore obligé de subir une garnison royale, commandée par Jean de Montagny, et même de la payer (1). En 1371, le Dauphin transigea avec lui, fit reconstruire ses châteaux à ses dépens et supporter les frais de la garnison aux habitants de la contrée ; comme ils s'élevèrent à 4,000 florins d'or (environ 400,000 francs de notre monnaie), les malheureux durent être ruinés pour longtemps (2).

À Embrun et à Guillestre, des différents dont la solution fut moins facile se produisirent entre le Dauphin, l'archevêque et les consuls.

L'archevêque excommunia les Embrunais, qui avaient osé construire de nouvelles murailles sans son aveu ; ils en appelèrent au Pape, qui nomma des commissaires ; l'affaire traîna en longueur et le Souverain Pontife leva enfin l'excommunication et absolvit solennellement les Embrunais le 6 septembre 1379, à condition qu'ils paieraient pour les frais d'absolution 1,000 florins d'or, équivalant à 100,000 francs environ (3).

Le Dauphin fut également excommunié par l'archevêque, pour avoir occupé sans sa permission le château de Guillestre et pour avoir fait servir les denrées qu'il renfermait à la subsistance de ses soldats. Il rendit le château sans indemnité, et cette querelle fut assoupie par un traité du 15 avril 1374 (4).

Les nouvelles murailles construites autour des villes du Haut-Dauphiné, dans la deuxième moitié du XIVe siècle, devinrent peu à peu vieilles, puis caduques. Elles n'empêchèrent pas les troupes de Charles VIII, Louis XII et

---

(1) Inventaire de la Chambre des comptes.
(2) Arch. nationales, JJ, 101, fol. 140.
(3) Arch. munic. d'Embrun.
(4) *Ibid.*

François Ier de prendre d'assaut quelques bourgs qui refusaient de les loger ou de leur fournir des vivres, et le canon de Lesdiguières en eut aisément raison, dans la seconde moitié du XVIe siècle.

On comprit, à cette époque, la nécessité de les recon struire ; de nouvelles fortifications à la moderne s'élevèrent, basses, bien défilées et hérissées de bastions triangulaires. Plus tard, Richelieu fit raser beaucoup de places fortes dont la conservation n'était pas indispensable à la défense de la contrée et qui pouvaient, au contraire, servir de retraite aux protestants.

L'invasion du duc de Savoie dans le Haut-Dauphiné, en 1692, en se ruant comme un torrent, en ruinant Embrun, Guillestre, Gap, Tallard, en incendiant et rançonnant les moindres villages sur une superficie de 600 kilomètres carrés, montra qu'il fallait pourvoir sérieusement à la défense des Alpes.

Ce fut l'œuvre de Vauban ; il contruisit Mont-Dauphin, fortifia Embrun et Briançon. Depuis lors, les forteresses des Alpes, fort augmentées dès le XVIIe siècle, ont été décuplées ; des travaux remarquables ont été accomplis dans le cours de ces dernières années, et tout ira pour le mieux jusqu'à ce qu'un nouveau revirement dans la tactique, ou la découverte de quelque engin plus destructeur que ceux dont nous jouissons maintenant, vienne démontrer qu'il faut tout refaire sur des plans nouveaux et de nouveaux frais.

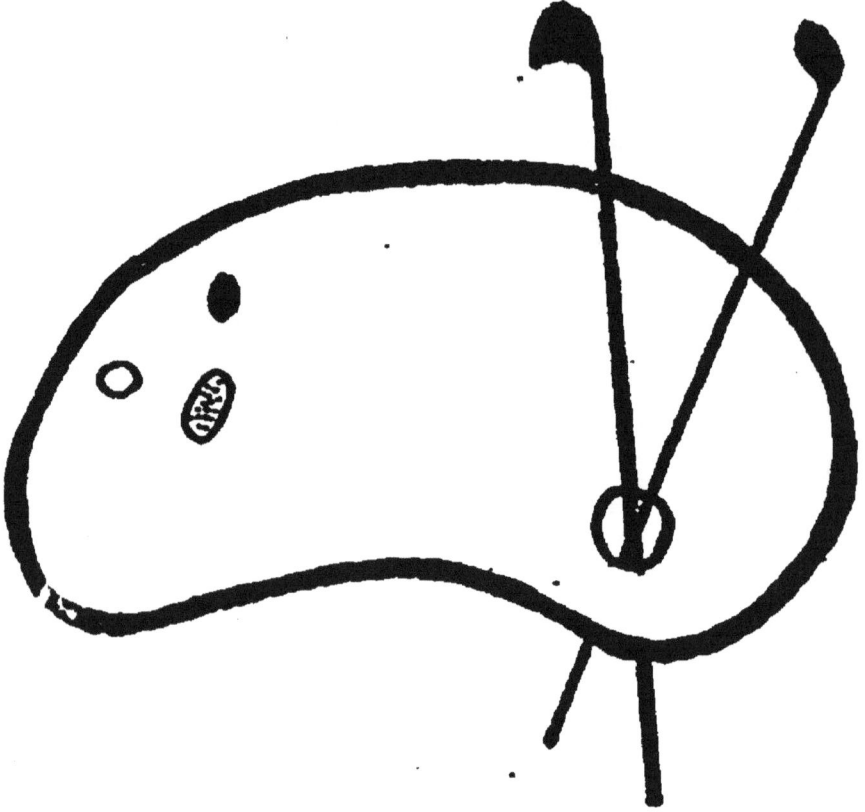

ORIGINAL EN COULEUR
Nº Z 43-120-8

www.ingramcontent.com/pod-product-compliance
Lightning Source LLC
Chambersburg PA
CBHW060203070426
42447CB00033B/2420